Die Landschaft aus dem Meer

Natur und Geschichte des Speicherkoogs

DIE LANDSCHAFT AUS DEM MEER

Text: Walter Denker
Fotos: Reimer Stecher

BOYENS

BOYENS
BUCHVERLAG

ISBN 978-3-8042-1278-7

Alle Fotos: Reimer Stecher, außer
Luftaufnahmen: D. Höfer
Luftbild S. 7: Kreis Dithmarschen
Foto S. 7 oben: O. G. Meier/Archiv Denker
Grafik: H. Mordhorst-Bretschneider
Gestaltung: Dörte Kromrei
Herstellung: Boyens Buchverlag
Druck: Boyens Offset, Heide
Printed in Germany

Zwischen Elbe und Eider – ein neuer Koog entsteht

Es waren wohlklingende Namen, die man in lang zurückliegenden Zeiten den neuen Kögen hier gab: Sophienkoog, Kronprinzenkoog, Christianskoog, Hedwigenkoog ... jetzt aber: Speicherkoog! Eine neue Nüchternheit, verbunden mit der Betonung auf Funktionalität hatte in den 70er Jahren des vergangenen Jahrhunderts bei der Namensgebung Pate gestanden. Und so geht es in diesem Koog neben dem Küstenschutz vor allem um das Speichern – und zwar um das vorübergehende Speichern von Wasser aus dem Binnenland, das den Weg von der Geest durch die Marsch zur Nordsee sucht.[20]

Um zu verstehen, wie es zu der bis heute letzten und größten Eindeichung mit der Entstehung der einzigartigen Speicherkoog-Landschaft vor der damaligen Küste Dithmarschens kam, muss ein Blick zurück, etwa in die Mitte des letzten Jahrhunderts, geworfen werden.

Stück für Stück war am Rande der Nordsee bis dahin über Hunderte von Jahren aus dem amphibischen Wattenmeer festes Land geworden. Wohl ging es nach schweren Sturmfluten auch zeitweise wieder verloren, aber eben nur für kürzere Zeit, bevor es endgültig zurückgewonnen wurde.

Im Gegensatz zum benachbarten Nordfriesland, wo Sturmfluten immer wieder Teile des Festlandes abgerissen hatten, vergrößerte jedes eingedeichte Stück Wattenmeer die junge Kooglandschaft Dithmarschens ständig in Richtung Nordsee.[31, 35] Und stückweise verkleinerte sich dabei die ursprüngliche Naturlandschaft des Watts zugunsten der fruchtbaren Seemarsch.

Dann kam die schwere Sturmflut des Jahres 1962. In Hamburg brachen die Deiche, viele Menschen verloren ihr Leben und auch Dithmarschen stand dicht vor einer Katastrophe.

Eine Reaktion auf dieses für die Küstenbewohner lebensbedrohliche Naturereignis erfolgte sehr bald. Die Landesregierung stellte einen neuen Generalplan „Deichverstärkung, Deichverkürzung, Küstenschutz in Schleswig-Holstein" auf, der neben einer Erhöhung der Deiche auch eine Verkürzung der gesamten Deichlinie um etwa 15 km in der Dithmarscher Bucht vorsah. Es musste also eine neue Deichlinie gefunden werden – was lag da näher als „vorzudeichen".[17, 19, 34]

Hatte man früher nur hoch aufgewachsenes, von Salzwiesen begrüntes Vorland eingedeicht, wurde nun erstmalig der neue Seedeich quer durch die Dithmarscher Bucht auf dem Boden des Watts v o r den alten Deich gezogen – hinter ihm war der Speicherkoog mit einer Fläche von etwa 4.800 ha geboren.

Und ging es in vergangenen Zeiten darum, neues Bauernland (Neuland) zu gewinnen, sollte dieser Koog vorrangig der Sicherheit von 25.000 hinter dem Deich lebenden Menschen dienen, gleichzeitig aber durch die

Pegel Fiel im Oktober 2008.

Der Mieleraum bei Hochwasser am 6.10.2008. Im Vordergrund das Meldorfer Moor, links der Fieler See, im Hintergrund die Ortschaft Fiel.

Anlage von Speicherbecken die Situation in den regelmäßig überschwemmten Hochwassergebieten der Geestniederungen um die Dörfer Fiel und Windbergen herum nachhaltig verbessern.
Dort war es in den Herbst- und Wintermonaten seit Menschengedenken immer wieder über Wochen und Monate zu lang andauernden Überschwemmungen der Wiesen und Weiden auf einer Fläche von ca. 42.000 ha gekommen. Insbesondere, wenn Schleusen und Siele in den Deichen wegen starker Stürme geschlossen werden mussten, floss das aus dem Binnenland kommende Wasser der Auen und Bäche nicht mehr frei in die Nordsee ab – es staute sich im Hinterland, in den niedrig gelegenen Mooren und Niederungen zwischen Geest und Marsch. So konnten die nunmehr mit dem Watt eingedeichten ehemaligen Außenpriele vor Barlt,

Meldorf, Warwerort und Wöhrden als Speicherbecken dienen. Zusammen mit einem neuen Verbindungskanal entstand ein Stauraum von insgesamt 361 ha.
Der Südteil des neuen Kooges, bereits 1973 eingedeicht, von der Bevölkerung „Bundeswehrkoog" genannt und vom Nordkoog durch den Damm zur ehemaligen Hallig Helmsand getrennt, stand und steht mit seinen ca. 1.684 ha der Bundesrepublik Deutschland für wehrtechnische Erprobungen als Sperrgebiet zur Verfügung. Auf den einstigen Sommerkögen, Salzwiesen und Watten des Südkooges mit ihren Prielen und kleinen Wasserflächen hat sich dank der extensiven Pflegenutzung des Grünlandes durch Beweidung und Mahd eine artenreiche Pflanzen- und Tierwelt eingestellt.
Im Osten des Nordkooges (ca. 3.200 ha) stellte man auf den hochgelegenen ehemaligen Sommerkögen und Salzwiesen der Landwirtschaft 1.200 ha ackerfähiges

Hochwasser in der Mieleniederung vor dem Bau des Speicherkooges (Archivbild).

Der neue Meldorfer Hafen als Baustelle im Juni 1978.

Die Hafenanlage des neuen Meldorfer Hafens. Im Hintergrund der Mielespeicher.

Land zur Verfügung, auch als Ersatz für 600 ha landwirtschaftliche Flächen in der Mieleniederung, die als Kompensation für den Bau der Autobahn A 23 dem Naturschutz unterstellt wurden.

Die Stadt Meldorf erhielt für den jetzt im Binnenland liegenden alten Meldorfer Hafen einen neuen Hafen unmittelbar hinter dem Seedeich, der heute hauptsächlich als Sportboothafen dient. Für die beiden Gemeinden Nordermeldorf und Elpersbüttel wurden am neuen Seedeich Badestellen mit Strandbetriebsgebäuden, Zuwegungen und Parkplätzen geschaffen; die Wasserfläche des Mielespeichers (190 ha) unmittelbar nördlich des neuen Hafens wurde sehr bald vom Surfsport in Teilbereichen genutzt.[21]

So ergab sich schon in den ersten Monaten und Jahren des neuen Kooges eine vielfältige Nutzung der ehemaligen Sommerkoog-, Salzwiesen- und Wattflächen: Küstenschutz, Militär, Hafenbetrieb, Wasserwirtschaft, Tourismus, Wassersport und Landwirtschaft. Hinzu kamen traditionelle Nutzungen der Landschaft durch Jagd, Sportfischerei oder Boßelsport. Aber auch neue Freizeitbeschäftigungen wie beispielsweise der Golfsport und der Modellflug fanden im Speicherkoog eine Bleibe.

Und der Naturschutz? – Immerhin waren nur für den Nordkoog etwa 1.560 ha Sandwatt und ca. 900 ha Vorland- und Salzwiesenflächen mit den nur dort vorkommenden, speziell angepassten Lebensgemeinschaften verloren gegangen; der Tideraum Dithmarscher Bucht reduzierte sich dabei um ein Drittel der Fläche. Diesen schwerwiegenden, bis dahin in seiner Dimension beispiellosen Eingriff in den Naturhaushalt der Landschaft Dithmarschens galt es, soweit überhaupt möglich, in irgendeiner Form auszugleichen. Eine dieser Ausgleichsflächen wurde das 532 ha große, in der Nähe des neuen Hafens gelegene Naturschutzgebiet Kronenloch, in dem erstmalig an der Westküste Schleswig-Holsteins versucht wurde, ein sogenanntes Salzwasserbiotop einzurichten. Ein zweiter Ausgleich, das heute 460 ha große Naturschutzgebiet Wöhrdener Loch hingegen, liegt weiter nördlich im Koog und sollte sich als vom Süßwasser beeinflusstes Feuchtgebiet entwickeln.

Es muss die Frage offen bleiben, ob die Abdeichung der Meldorfer Bucht gleichzeitig auch die letzte große Landgewinnung vor der Küste Dithmarschens war. Vieles spricht dafür. So war bereits bei der Planung des künftigen Speicherkooges die landwirtschaftliche Nutzung der Flächen im Sinne der Neu-

Blick über das Naturschutzgebiet Kronenloch und den Meldorfer Hafen. Im Hintergrund die Dithmarscher Bucht und der Badeort Büsum.

landgewinnung nachrangig, eine Besiedlung mit Bauernhöfen von vornherein ausgeschlossen. Für Dithmarschen waren stets und sind auch noch heute Deichsicherheit und Entwässerung des niedrig gelegenen Hinterlandes die zentralen Themen des Küstenschutzes.[21]

Angesichts des zu erwartenden Meeresspiegelanstiegs im Zuge des weltweiten Klimawandels und fortgesetzter Auflandung in den Watten ist zur Zeit vielmehr davon auszugehen, dass bestehende Deiche erhöht und vielleicht mehr Schöpfwerke gebaut werden müssen. Ob dann vor den Deichen bei höherem Meeresspiegel sich durch natürliche Anlandungsprozesse überhaupt noch hochgelegene Salzwiesen dauerhaft etablieren, bleibt abzuwarten. Auf jeden Fall wird die Regelung der sogenannten Vorflut in der Dithmarscher Bucht vor diesem Hintergrund nicht einfacher.

Zudem haben Umwelt- und Naturschutz eine stärkere gesellschaftliche Bedeutung als noch vor 30 Jahren erlangt: Vor dem neuen Seedeich wurde 1985 der Nationalpark Schleswig-Holsteinisches Wattenmeer ausgewiesen, der bald auch den Status eines Biosphärenreservats erhielt. Weite Bereiche des Speicherkooges sowie des Nationalparks unterliegen der internationalen Ramsar-Konvention zum Schutz von Feuchtgebieten, und jüngst wurde die Ausweisung des Wattenmeeres als Weltnaturerbe der UNESCO beantragt.[6]

Nahezu der gesamte Speicherkoog mit Ausnahme der Ackerflächen, des Hafengeländes und der Parkplätze sind als EU-Vogelschutzgebiete und FFH-Flächen Teil des europäischen Schutzgebietsnetzes NATURA 2000.

Wildnisgebiet auf Wattboden – Das Naturschutzgebiet Kronenloch

Seinen Namen erhielt das in der Mitte des Speicherkoogs liegende Naturschutzgebiet nach einem so bezeichneten Priel vor dem neuen Meldorfer Hafen in der Dithmarscher Bucht.
Zum gesamten Quellprielsystem, das von einem Wattstrom landeinwärts sich dort verzweigt, zählen auch noch das Sommerkoog-Steertloch im Süden und das Wöhrdener Loch im Norden, das wiederum dem dortigen Naturschutzgebiet seinen Namen gab.[37, 38]
Bereits 1985 wurden die inzwischen eingedeichten Sandwatten und Salzwiesen auf einer Fläche von 532 ha durch eine Verordnung der schleswig-holsteinischen Landesregierung als Schutzgebiet Kronenloch ausgewiesen. Darin heißt es u.a.:
„Das Naturschutzgebiet dient der Erhaltung und Entwicklung des im Jahre 1978 eingedeichten und inzwischen für einen Seewassereinstau eingerichteten Sandwattbeckens mit Salzwiesenbereichen. Die nach der tideabhängigen Salzwasserrückführung ab 1984 entstandenen Wasser- und Landflächen bieten vielfältige Voraussetzungen für die Ansiedlung charakteristischer Pflanzengesellschaften. Zugleich wurden Lebensräume für die Entwicklung einer artenreichen, zum Teil in ihrem Bestand bedrohten Tierwelt, insbesondere der Seevögel, geschaffen."[24]
Mit der fortschreitenden Austrocknung und Aussüßung

Dithmarscher „Krabben" mit Bernstein.

Zur Nahrung des Zwergtauchers zählen vor allem im Winter auch kleine Fische.

der Salzwiesen und ihrer typischen Pflanzengesellschaft aus Queller, Andel, Rotschwingel und Strandquecke verließen auch bald Seevogelarten wie Möwen und Seeschwalben infolge des Landschaftswandels diesen Bereich. Andere Arten jedoch wie Wiesenvögel und Enten kamen neu hinzu oder erhöhten sogar ihre Bestände – ein dynamischer Prozess begann, der bis heute nicht abgeschlossen ist.

Völlig neu an der Westküste Schleswig-Holsteins und darüber hinaus wohl für ganz Deutschland war zu diesem Zeitpunkt die Gestaltung der nun trocken gefallenen Wattflächen zu einem sogenannten „Salzwasserbiotop". Man schuf unter Ausnutzung ehemaliger Prielläufe eine Lagune, die über ein Einlaufbauwerk im Hafen mit Salzwasser aus der Nordsee versorgt wird. Ein Auslauf führt das Wasser unter der Straße hindurch in den benachbarten Mielespeicher, von wo aus es wiederum in die Dithmarscher Bucht gelangt. Damit sollte der Austausch von Pflanzen- und Tierarten mit dem Wattenmeer erhalten bleiben. Dadurch, dass sich diese Umlaufrinne im Kronenloch innerhalb von 2,5 Tagen von etwa 0,50 m NN auf 0,70 m NN füllt und für die Absenkung des Wasserspiegels ein Tag vorgesehen ist, verändert sich die Wasserfläche von 126 ha auf 215 ha bzw. umgekehrt: Eine Art Gezeitenrhythmus (Ebbe und Flut) wird simuliert.[19]

Untersuchungen durch Biologen Ende der 1980er Jahre ergaben eine reichhaltige Lebewelt in diesem überwiegend seichten Gewässer: Herz-, Platt- und Klaffmuscheln, Zuckmückenlarven, Ringel- und Borstenwürmer und Kleinkrebse zählten dazu, genauso wie Stichlinge, Aal, Schollen, Flundern, Kleine Seenadel, Hering, Stint und Grundeln. Selbst Garnelen, die an der Küste so beliebten „Krabben", wurden im Kronenloch nachgewiesen. Sie alle bilden die Nahrungsgrundlage für fischfressende Wasservögel, von denen hier die Lappentaucher, Sägerarten und der Kormoran genannt werden sollen.[9]

Der so entstandene Uferbereich mit seinen vom Salzwasser beeinflussten „Watten hinter dem Seedeich" entwickelte sich zu einem wichtigen Lebensraum für rastende Wasser- und Watvögel. Und nur hier ist auch noch der Einfluss des Salzwassers auf die Pflanzenwelt sichtbar. So gibt es dort neben ausgedehntem Röhricht aus Schilf und Meerstrandsimse, Quellerbeständen und Andelrasen noch weite Bereiche mit dem Vorkommen der salzliebenden Strandaster.

In anderen, vor allem höher gelegenen Teilflächen, wie der ehemaligen Ziegeninsel, haben sich die Salzwiesen in ein von Süßgräsern dominiertes Grünland gewandelt, in denen in diesem Stadium der Sukzession nun selten gewordene Orchideen, wie das Übersehene Knabenkraut, die Sumpfstendelwurz oder das Fleischfarbene Knabenkraut flächenhaft vorkommen.[3] Nachdem schon 1984, also bereits vor der Unterschutzstellung des Kronenlochs, die Beweidung des Gebietes mit Schafen eingestellt wurde, breiteten sich auf den niedrig gelegenen vormaligen Wattflächen Röhricht, Hochstauden und Weidengebüsch aus. Die Weichen für eine freie Entwicklung von Pflanzengesellschaften – die Sukzession – waren gestellt. Das wiederum blieb nicht ohne Folgen für die Brutvogelwelt. So

Im Speicherkoog Süd sind große Bereiche noch salzwasserbeeinflusst, wie die Strandastern zeigen.

Das Übersehene Knabenkraut. Im Koog zeigt sich diese Orchidee salztolerant.

Der Brutbestand des Blaukehlchens nimmt zu.

sind Möwen, Seeschwalben und Regenpfeifer als typische Küstenvögel aus diesem Gebiet heute weitgehend verschwunden und auch Wiesenvögel wie Feldlerche und Kiebitz wurden wegen der nun höheren Vegetation seltener. Dafür kamen aber Haubentaucher, Rohrweihe und Blaukehlchen, Bartmeise und auch der Schilfrohrsänger, der dort inzwischen seinen bedeutendsten Brutbestand in Schleswig-Holstein hat.[3]
Und auch der Seeadler, der seit 2004 im Gebiet brütet, kann als Beispiel für die Arten genannt werden, die von ungestörter, hoch aufgewachsener Vegetation profitieren.
Die Dynamik dieser Entwicklung wurde besonders genau an den Brutvogelgemeinschaften dokumentiert. So wuchs die Anzahl der Brutvögel des gesamten Speicherkooges nach den Untersuchungen des Meldorfer Ornithologen Peter Gloe rasant von 29 vor der Eindeichung auf 79 in den Jahren 1984–1991. Der jeweilige Sukzessionsstand der Vegetation allein ist für derartige Phänomene nicht verantwortlich, hinzukommen großräumige Entwicklungen von Vogelpopulationen, auch unter dem Einfluss von Klimaveränderungen oder anderer Faktoren.[10]

Neben der herausragenden Bedeutung des Kronenlochs für Brutvögel tritt nach den gebietsspezifischen Erhaltungszielen für dieses **F**auna-**F**lora-**H**abitat (FFH)-Gebiet seine Bedeutung als Rast-, Mauser- und Nahrungsgebiet für Wat- und Wasservögel. Es sind u.a. störungsarme Flachwasserbereiche mit kurzrasiger Randvegetation sowie Misch- und Schlickwattflächen zu erhalten. Schlafplätze, insbesondere Sandbänke, Überschwemmungsflächen und Flachwasserbereiche sind dabei für die Vogelwelt von großer Wichtigkeit.[25]
Entscheidend für die Zukunft ist jedoch, dass wir die nun neu entstehende Wildnis auf diesen 11 % der Fläche des gesamten Kooges als Naturschutzziel akzeptieren, sie für künftige Generationen erhalten und nach den Regeln der Natur sich selbst überlassen, statt mit

Seit 2004 ist der Seeadler als Brutvogel im Speicherkoog heimisch.

hohem Zeit- und Geldaufwand das Land zu pflegen und zu bewirtschaften. Der Biologe Hubert Weinzierl hat es einmal so ausgedrückt: „Mut zur Wildnis, das wäre auch: der Mut zur Selbstbeherrschung, zum Schauen statt zum Tun. – Naturschutz als Folge des Mutes zum Nichtstun."[13]

Das heißt andererseits nicht, dass weitere Ökosysteme wie Feuchtwiesen oder Heiden, in denen Arten leben, für die es sonst keinen Lebensraum mehr gibt, auch durch Nichtstun aufgegeben werden sollten. Hier gilt die Verpflichtung, eine sich über Jahrhunderte im Wechselspiel mit menschlicher Nutzung entstandene artenreiche, speziell angepasste Lebensgemeinschaft von Pflanzen und Tieren zu erhalten.

Die Ende 2007 vom Bundeskabinett beschlossene Biodiversitäts-Strategie verfolgt jetzt ganz offiziell vor dem Hintergrund des dramatischen weltweiten Artenverlustes das Ziel, ökologische Prozesse ungestört zu lassen, der Dynamik der Lebensgemeinschaften eine Chance zu geben. So sollen es nach dem Willen der Bundesregierung bis zum Jahr 2020 zwei Prozent der Landesfläche werden, auf denen die Natur machen kann, was sie will, nachdem es echte Wildnis in Deutschland kaum noch gibt.[5]

Wildnis, vor allem die der Wälder, wurde zu allen Zeiten als etwas Bedrohliches empfunden, von ihr gingen Gefahren aus.[20,33] Waren es früher große Wildtiere wie Bär und Wolf, vor denen der Mensch sich in den undurchdringlichen Urwäldern fürchtete, herrscht heute in weiten Teilen der Bevölkerung eher das Gefühl vor, dass von Wildnisgebieten andere „Gefahren" ausgingen: Unerwünschte Wildkräuter oder Insekten entziehen sich einer notwendigen Verfolgung und vermehren sich unkontrolliert massenhaft, lästige Konkurrenten bei Jagd und Landwirtschaft wie Fuchs oder Wildschwein ziehen in großer Anzahl dort ihren Nachwuchs

Distelfink bei der Nahrungsaufnahme.

auf und bringen ein vermeintliches Gleichgewicht in der Natur zum Kippen, das jedoch niemand genau kennt.

Als in den ersten Jahren nach dem Deichschluss sich auf den nun ausgesüßten Flächen der ehemaligen Salzwiesen dichte Bestände von Disteln, vor allem Ackerkratzdistel und Gemeine Kratzdistel, ausgebildet hatten, kam es in der Öffentlichkeit zu einer heftigen Diskussion darüber, ob diese Entwicklung zu dulden sei. Besonders die Disteln in der 15 ha großen Beobachtungsfläche der Universität Kiel im Nordteil des Kooges erregten den Unmut der Landwirte, die letztlich Ertragseinbußen auf den angrenzenden Äckern befürchteten und daher den Einsatz von Herbiziden forderten. Nicht gesehen wurde, dass ein massenhaftes

Feldhasen brauchen Deckung wie Röhricht oder Weidengebüsch.

Fasane sind häufig im Speicherkoog anzutreffen.

Auftreten von Disteln auf diesen Böden lediglich ein zeitlich begrenztes Stadium zu Beginn der Sukzession ist, das später von anderen Pflanzengesellschaften bis hin zur Waldbildung abgelöst wird. So geschah es auch hier, weil man der Natur Zeit ließ. Nach einigen Jahren hat sich über die Dominanz von Weidenröschen bis zum heutigen Pionierwald die ehemalige Salzwiese ohne Zutun des Menschen weiter entwickelt – die Disteln dort sind verschwunden. In der Zwischenzeit aber konnten sie ihre wichtigen Funktionen im Haushalt der Natur erfüllen: Sie lieferten Bienen und Schmetterlingen Pollen und Nektar, ihre Samen boten den Distelfinken Nahrung in Hülle und Fülle und in den dichten Beständen fanden Wildenten und Fasanen wie auch Feldhasen und Wildkaninchen Deckung.[7]

Der Natur Raum und Zeit geben, sich nach eigenen Gesetzmäßigkeiten zu entwickeln, sich dort als Mensch zurückzunehmen – Natur Natur sein lassen – ist das Ziel von Wildnisgebieten.[1, 5, 20]

Für das Kronenloch würde es bedeuten, den Landschaftswandel dieses Gebietes vom ursprünglichen Watt mit den Salzwiesen über das von Gewässern durchzogene Grünland mit Weidengebüsch bis zu einem Auenwald ähnlichen, vom Salzwasser beeinflussten Feuchtgebiet zu akzeptieren und beispielsweise auf Mahd, Beweidung oder Durchforstung dauerhaft zu verzichten; es also von jeglicher Nutzung oder Pflege frei zu halten und so dieses Gebiet auch als regionalen Beitrag einer deutschlandweiten Initiative für mehr Wildnis zu verstehen.

Ein Management für die Natur – Weidelandschaften im Speicherkoog

Gilt die Ausweisung von mehr Wildnisgebieten in Europa als ein strategisches Ziel des Naturschutzes, um die Biodiversität zu erhalten und ungestörte Naturabläufe zu ermöglichen, so wird es gleichermaßen notwendig sein, inzwischen selten gewordene Pflanzen- und Tierarten in der Kulturlandschaft durch gezielte Entwicklungsmaßnahmen zu schützen.

Als Folge des Wandels von der Natur- zur Kulturlandschaft mussten sich auch wildlebende Pflanzen und Tiere umstellen, eine Anzahl hochspezialisierter Arten verschwand, neue Arten wanderten ein. Die jeweilige Lebensgemeinschaft wurde dabei maßgeblich vom Wirtschaften des Menschen abhängig, der alleinige Einfluss natürlicher Faktoren fand nicht mehr statt.[4]
So war die Westküste Schleswig-Holsteins ursprünglich in weiten Bereichen eine amphibische Landschaft mit undurchdringlichen Mooren, Sümpfen und flachen Seen. Bauern nutzten das häufig überschwemmte Grünland als Wiesen und Weiden für ihr Vieh. Durch Deichbau, Entwässerung und Rodung von Bruchwäldern und Gebüsch entstand im Laufe der Jahrhunderte eine weite offene Landschaft mit immer noch hohen Grundwasserständen.
Für die Vogelwelt der Moore, Sümpfe, Röhrichte und Gewässer brachen nun schlechtere Zeiten an. Einige wichen jedoch auf die neu entstandene Landschaft der feuchten Wiesen und Weiden aus. Hier wären Uferschnepfe, Bekassine und das Braunkehlchen zu nennen, die wohl alle ursprünglich einmal in Mooren beheimatet waren. Andere, so nimmt man an, kamen aus den offenen Steppen hinzu, wie Kiebitz und Feldlerche und folgten wie der Weißstorch bei der Wahl ihres Brutplatzes dem Menschen sogar bis in die Dörfer – sie alle wurden zu Kulturfolgern.
Erst mit der weiteren Verbesserung der Wasserverhältnisse und dem Einsatz von Mineraldünger, also einer Intensivierung der landwirtschaftlichen Nutzung, ver-

Sowohl Uferschnepfe als auch …

… Bekassine sind als Brutvögel vom Aussterben bedroht.

Der Wiesenpieper besiedelt vor allem extensiv bewirtschaftetes Grünland.

Der Kiebitz, einst Charaktervogel der feuchten Wiesen und Weiden, steht heute auf der Roten Liste.

schlechterte sich dieser Lebensraum für Sauergräser, Blütenpflanzen, Insekten und Wiesenvögel wieder, ihre Bestände brachen zunächst langsam, bis heute aber dramatisch ein.

Ein über Jahrhunderte langes Miteinander von bäuerlicher Landwirtschaft auf feuchtem Grünland zusammen mit Wiesenvögeln und anderen dort wildlebenden Arten brach etwa in den 30er Jahren und dann verstärkt

Die Feldlerche nimmt als Bodenbrüter seit 1999 in ihrem Bestand ab.

Vom Weißstorch wurden im Jahr 2008 in Dithmarschen nur 13 erfolgreiche Brutpaare gezählt.

Weidengebüsch wird auf den Stock gesetzt.

Schilfernte als Landschaftspflege.

in den 50er Jahren des 20. Jahrhunderts ab, die Vielfalt ging verloren.[15]

Der Naturschutz reagierte: Schutzgebiete wurden ausgewiesen, Arten-Hilfsprogramme erstellt, für die Landwirte wurden Extensivierungsverträge entwickelt. Bis heute jedoch konnten sich angesichts der rasanten Weiterentwicklung in der Landwirtschaft und der damit verbundenen Aufgabe traditioneller Bodennutzung die Bestände in der Agrarlandschaft nicht erholen. So konzentrieren sich die Bemühungen des staatlichen und ehrenamtlichen Naturschutzes einerseits weiter darum, zusammen mit den Landwirten in den großen Fluss- und Moorniederungen durch Vertragsnaturschutz in ausgewählten Grünlandflächen die Situation zu verbessern, d.h. die Bauern erhalten für ihre Leistungen, die Bedingungen für Uferschnepfe u. Co. in dieser

Das Wöhrdener Loch. Quellerbestände im salzhaltigen Qualmwasserbereich färben sich im Spätsommer leuchtendrot.

historischen Kulturlandschaft zu erhalten, Geld. Andererseits werden in den Schutzgebieten, in denen Bodenbrüter wie Seevogelarten, aber auch Wiesenvögel vorkommen und die nicht einer „normalen" Landbewirtschaftung unterliegen, Pflege- und Entwicklungsmaßnahmen durchgeführt, die vom Anheben der Wasserstände, Schaffen von neuen Gewässern, „Entkusseln" von Gebüsch über extensive Beweidung, Mahd und Mulchen bis zum Ernten von aufkommenden Schilfbeständen reichen. Diese Maßnahmen sind kosten- und personalintensiv, aber ohne Alternative. Spätestens nach der Ausweisung des europäischen Schutzgebietsnetzes NATURA 2000 und der EU-Vogelschutzrichtlinie ist die Erhaltung von natürlichen Lebensräumen wie Grünland-Feuchtgebieten und der Schutz von Vogelarten für Bund und Länder verpflichtend.
Auch in Dithmarschen wurden im Zuge der Umsetzung von NATURA 2000 EU-Vogelschutzgebiete ausgewiesen, so im Speicherkoog das Naturschutzgebiet Wöhrdener Loch. Nach der Eindeichung und dem Trockenfallen des ehemaligen Sandwattbodens brachte man zwei Jahre nach Deichschluss dort eine Saatmischung aus Weißem Straußgras, Rohrschwingel, Rotschwingel und Raps ein, um Sandverwehungen zu verhindern. In den folgenden Jahren entwickelte sich eine zunächst niedrige Vegetation, die einerseits auf die zunehmende Aussüßung der Flächen reagierte, andererseits eine dauerhaft salztolerante Pflanzengesellschaft an einigen Stellen zuließ. Das Regenwasser löste dabei Salz aus

Rastende Pfuhlschnepfen.

Rotschenkel

Der Kampfläufer steht in Deutschland vor dem Aussterben.

Kleine Lachmöwenkolonie im nördlichen Speicherkoog.

Küstenseeschwalbe

den höher gelegenen Gebieten und floss zu abflusslosen Senken, wo es nach der Verdunstung zurückblieb. An anderer Stelle drückt im Westen des Gebietes Salzwasser, sogenanntes Qualmwasser, bis heute unter dem Deich hindurch, beeinflusst dort das Bett eines alten Prieles und führt zu einem salzliebenden Andelrasen mit Queller und Salzschuppenmiere. Weitere Pflanzengesellschaften und -arten, die eindrucksvoll den Einfluss des Salzes verdeutlichen, sind u.a. Salzschwaden, Strand-Mastkraut, Meersimse und Strandsegge. Auf den ausgesüßten Hochflächen hingegen bildete sich eine Weidelgras-Weißklee-Weide mit Kammgras, Weißklee unter Dominanz der eingesäten Rohr- und Rotschwingelgräser aus, begleitet von aufkommendem Schilf. Und bereits 1985 wurden die ersten Grauweiden-Schösslinge beobachtet, denen bald die Ohrweide und andere Weidenarten folgten.[30]

Beeindruckend, aber als Phänomen für eingedeichte Flächen an der Westküste (Hauke-Haien-Koog) durchaus bekannt und daher auch erwartet, war die Anzahl der Brutpaare der sich nun einstellenden Vogelarten, die in den Jahren 1987–1991 im Schutzgebiet Wöhrdener Loch gezählt wurden. Beispielhaft, in Mittelwerten und abgerundet, seien hier genannt: Austernfischer 223 Brutpaare, Kiebitz 251, Sandregenpfeifer 52, Uferschnepfe 69, Rotschenkel 132, Kampfläufer 11, Lachmöwe 537, Fluss-, Küstenseeschwalbe 176 und Feldlerche 213.[10]

Die entsprechende Landesverordnung für das Naturschutzgebiet Wöhrdener Loch trug dieser Entwicklung Rechnung und so heißt es dort: „Schutzzweck ist insbesondere die Erhaltung und Sicherung der Grünland-, Feuchtgrünland- und Sumpfbereiche sowie Gewässerarme mit angrenzenden, teilweise wechselfeuchten Uferzonen, vor allem als bedeutende Brut-, Nahrungs- und Rastgebiete für gefährdete Vogelarten sowie für gefährdete wirbellose Tiere…"[23]

Im Laufe der Jahre wuchs jedoch die Vegetation trotz der sehr bald einsetzenden Beweidung mit Schafen und verschiedenen Versuchen mit unterschiedlicher Beweidungsdichte immer höher auf, bis schließlich der Schutzzweck in Frage gestellt war. Als dann das Gebiet Teil des europäischen Netzes NATURA 2000 wurde, formulierte man die Ziele für diesen Teil des Speicherkoogs neu und benannte auch die Vogelarten, um die es vorrangig geht: Zwergschwan, Nonnengans, Pfeifente, Krickente, Knäkente, Goldregenpfeifer, Kiebitz, Alpenstrandläufer, Kampfläufer, Bekassine, Uferschnepfe, Großer Brach-

Nonnengänse bevorzugen kurzrasiges Grünland zur Nahrungsaufnahme.

Trauerseeschwalben brüten nur noch selten in wenigen Torfstichen, Gräben und Tränkkuhlen an der Westküste.

Die Krickente – typischer Brutvogel der Hochmoore Schleswig-Holsteins.

vogel, Rotschenkel, Trauerseeschwalbe, Feldlerche, Wiesenpieper, Schafstelze und Braunkehlchen.
Ziel ist also, eine offene Feuchtwiesenlandschaft mit Management als Bruthabitat für Wiesen- und Küstenvögel und als Nahrungsflächen sowie Rastflächen für Gänse, Schwäne und Enten zu erhalten. Im Einzelnen heißt es dann:

Erhaltung von großen, zusammenhängenden, offenen Grünlandflächen mit ausreichend Wasser gesättigtem Boden (feuchtes Grünland) in extensiver landwirtschaftlicher Nutzung sowie kleinflächigen Bereichen mit Schilf und Hochstaudenfluren als Brut- und Nahrungshabitat. Weiterhin sind kleine offene Wasserflächen mit Blänken und Mulden in Verbindung mit dem

Beim Alpenstrandläufer verlagern sich die traditionellen Winterquartiere nach Nordosten.

Goldregenpfeifer und Kiebitze in gemischtem Verband.

Grünland, ein ganzjähriger hoher Wasserstand in Gräben und alten Prielen sowie ein hoher Grundwasserstand, mit im Winter zum Teil überstauten Teilflächen zu erhalten. Die Bereiche während der Ansiedlung und Brut der Vogelarten sind von Störungen frei zu halten.[25]
Das Ziel war benannt, es galt daher das Schutzgebiet entsprechend zu entwickeln, zu managen. Was lag da näher, als einmal zu sehen, wie das in anderen Regionen erfolgreich vorgemacht wurde, nachdem die Schafbeweidung allein nicht zum Erfolg geführt hatte.
In den eingedeichten Wattflächen Hollands sind große Weidetiere (Großherbivoren) auf Tausenden von Hektaren eingesetzt, um die Landschaft durch den stetigen Verbiss von aufkommenden Gehölzen und das Abweiden des Grünlandes für Vogelarten offen zu halten: Konikpferde, Heckrinder, eine Rückkreuzung des Auerochsen, und Rothirsche leben dort eingezäunt in riesigen Herden und „managen" die Landschaft.
Für das Wöhrdener Loch mit seinen 460 ha traten daher im Herbst 2004 zunächst 10 Koniks (8 Stuten und 2 Hengste) die Fahrt vom Nationalpark Lauwersmeer in Holland nach Dithmarschen an, wurden im Gebiet freigelassen und bald in ihrer Arbeit als Landschaftspfleger durch Galloway-Rinder und natürlich die weiterhin

Koniks im Nationalpark Lauwersmeer (Holland, 1969 eingedeicht). Es ist das Herkunftsgebiet der 10 Koniks, die am 29.10.2004 in das NSG „Wöhrdener Loch" umgesiedelt wurden.

dort grasenden Schafe unterstützt. Für die Koniks in Dithmarschen – und damit erstmals an der Westküste Schleswig-Holsteins – hatte man sich aus mehreren Gründen entschieden. Sie waren leicht und kostengünstig zu beschaffen, sind gut angepasst an feuchte bis sumpfige Bereiche und fressen mit Vorliebe Schilf, in dessen Beständen sie sogar die Wurzeln ausgraben. Als sehr robuste Tierart sind Koniks unempfindlich gegenüber Krankheiten und können sich auf strenge Kälte, minderwertiges Futter und die Qualität des Wassers gut einstellen. Sie sind im Speicherkoog sich weitgehend selbst überlassen, benötigen so gut wie keine Pflege und beweiden das Schutzgebiet das ganze Jahr über, also auch im Winter.
Ein weiterer Aspekt für den Einsatz dieser sehr ursprünglichen Pferderasse im Speicherkoog war die Einmaligkeit dieser Tiere in der Region als Attraktion für den Tourismus und die Naherholung: Eine Herde wildlebender Pferde in der weiten Gras-Schilf-Gebüschlandschaft vom Deich aus zu beobachten, ist schon ein besonderes Naturerlebnis, das Harmonie ausstrahlt und viele Menschen daher auch emotional anspricht.[6]
Ursprünglich waren Koniks (Polnisch: Kleines Pferd) bzw. ihre Urahnen als Wildpferde in den Steppen und Waldgebieten der Ukraine und Ostpolens beheimatet. Reste dieser Herden überlebten in Sümpfen und Wäldern, wurden schließlich eingefangen und gelangten über einen Tiergarten im östlichen Polen an die Bauern der Umgebung. Dort mussten die Pferde mit dem zurechtkommen, was sie auf den kargen Waldweiden und in fast ganzjähriger Freihaltung vorfanden. So erhielt sich ein kleiner, wildpferdähnlicher Typ von harter Konstitution, gedrungenem Körperbau, mit starken Hufen. Die typische mausgraue Fellfarbe mit einem schwarzen Aalstrich auf dem Rücken, einem Querstreifen auf dem Widerrist und dunklen Querstreifen auf den Gliedmaßen gilt als Hinweis auf die Abstammung der Rasse von den wilden Tarpan-Pferden.[14]

An der Tränkstelle werden auch Schlammbäder genommen.

Ganz in der Nähe des Zaunes am Deich liegt die favorisierte Tränkstelle, die mindestens einmal täglich aufgesucht wird.

Mit gegenseitiger Körperpflege wird viel Zeit verbracht.

Nur selten besteht die Gelegenheit, eine Herde übermütig im Galopp laufen zu sehen, wie hier im Lauwersmeer.

Flemen, ein typisches Hengstverhalten, das die Fohlen bereits im ersten Jahr üben, ist das Prüfen, ob eine Stute rossig, also empfängnisbereit ist.

Im Jahr 2008 hat einer der erstgeborenen Hengste dem Leithengst mühsam einige Tiere abspenstig machen können. Eine neue Herde hat sich gebildet.

Nach Hengstmanier sich messen: das macht einen kämpferischen, spektakulären Eindruck und ist häufig nur bei jungen Hengsten zu sehen …

… aber vor allem das Ausschlagen der Hinterhufe als letzte Verteidigung kann im Ernstfall erhebliche Verletzungen nach sich ziehen.

Ein wesentlicher Teil der Ernährung wird durch Raufutter (Schilf, Meerstrandsimse) gedeckt, auch verschmähen sie Baumrinde nicht. Das macht die Koniks als Landschaftspfleger interessant.

Unterirdische Reetrhizome, in denen die Pflanze ihre Energiereserven über den Winter bringt, werden gerne ausgegraben und gefressen. Ca. 400 m² Schilffläche wird so jeden Winter durch die Koniks reduziert.

Weidelandschaft, Wasser und Koniks.

Koniks und Schafe vertragen sich im geordneten Herdenverband gut. Nur Einzeltiere ohne Anschluss an eine Herde treiben die Schafe manchmal.

Sehr gute Beobachtungsmöglichkeiten bestehen vom Hide (Beobachtungsstand) aus. Vom Deich hat man die beste Übersicht über die schöne Landschaft. Nahezu alle Aufnahmen wurden von Standorten außerhalb der Einzäunung gemacht.

Ein besonderes Erlebnis für „Zaungäste“ ist die Zeit im Frühjahr, wenn die meisten Fohlen auf die Welt kommen.

Freilaufende Weidetiere wie Koniks, Rinder oder Schafe hinterlassen Dunghaufen im Grasland. Über 200 Insektenarten haben sich auf ein Leben im Kuhfladen spezialisiert. Von ihren Eiern, Larven und Puppen leben u.a. räuberische Käfer und Vögel – wie hier die Stare.

Neben Schafen und Koniks werden auch Robustrinder, hier Galloways, als Landschaftspfleger eingesetzt.

Schilfmahd im Winter.

Heute beweidet ein Bestand von etwa 40 Koniks zusammen mit der kleinen Galloway-Herde und dem Schafbestand der beiden Schäfer das Schutzgebiet. Durch die unterschiedlichen Weidetiere mit ihrem verschiedenartigen Fraßverhalten (Mischbeweidung) entsteht eine kleinstrukturierte Offenlandschaft für eine vielfältige Pflanzen- und Tierwelt.
Um die Offenheit und Weite der Landschaft zu erhalten und wieder herzustellen griff man 2007 erstmals auch aktiv in die Schilfbestände ein: Ein Betrieb aus Nordfriesland erntete einen Teil des Schilfes, das dann als begehrtes „Dackreet" seine Verwendung beim Eindecken der landschaftstypischen Reetdachhäuser fand. Auch das „Auf-den-Stock-Setzen" des Weidengebü-

Rastende Pfeifenten, Stockenten und Brandgänse.

sches im Zentrum des Gebietes dient dem Zweck, diese Flächen besser für die Weidetiere zugänglich zu machen, um Grünlandbereiche wieder zu etablieren. So wird ein differenziertes Management, das sich verbindlich an den Erhaltungszielen des EU-Vogelschutzgebietes orientiert, auch für die Zukunft notwendig sein, um das Überleben der wildlebenden Tier- und Pflanzenarten dort zu sichern.

Eine weitere Weidelandschaft schließt sich südlich des Naturschutzgebietes Wöhrdener Loch bis zur Miele mit ihrem Speicherbecken an: Es ist die sogenannte „Schafhutung", wo auf landeseigenen Flächen schon bald nach der Eindeichung Schafe weideten, allerdings ohne dass dieses Gebiet einen besonderen Naturschutzstatus erhielt. Diesen bekam es erst mit der Ausweisung als „Landschaftsschutzgebiet Speicherkoog Dithmarschen (Nordkoog)" im Jahr 2006, wo jetzt zusammen mit einer Fläche am Wöhrdener Hafenstrom über 700 ha Grünland in einer Kreisverordnung Teil des Europäischen Vogelschutzgebietes sind. Es sind auch hier ehemalige Watt- und Wasserflächen, die sich heute weitgehend als beweidetes Grünland darstellen und eine besondere Bedeutung für die Rast- und Brutvögel haben. Der Charakter dieses Gebietes darf nicht verändert werden, insbesondere ist es nicht erlaubt, das Grünland in Acker umzuwandeln. Gleichwohl kann eine landwirtschaftliche Nutzung stattfinden, wie es zur Zeit auch mit der Schafgräsung geschieht. Insbesondere nordische Nonnengänse, Pfeifenten sowie Singschwäne nutzen zu Tausenden die kurzrasigen Flächen oder die Gewässer, vor allem im Mielebereich, als Rast- und Nahrungsgebiet in riesigen Schwärmen während der Frühjahrs-, Herbst- und Wintermonate.

Im militärischen Sperrgebiet des Speicherkooges-Süd hat sich von Beginn der Eindeichung an seit nunmehr über dreißig Jahren eine sehr abwechslungsreiche Weidelandschaft entwickelt.

Singschwäne und Graugänse auf abgeerntetem Möhrenfeld.

Schafhutung im Speicherkoog.

Nonnengänse im Südkoog.

Übersehenes Knabenkraut auf gemähtem Grünland.

Unter Beibehaltung vieler naturnaher Kleinstrukturen, wie ehemalige Prielläufe, Bodensenken oder Tränkkuhlen, dreier unbewirtschafteter Waldflächen mit insgesamt 13,4 ha und der vorrangigen Nutzung des Gebietes durch das Militär, findet hier kein Ackerbau statt. Das Grünland wird auf der gesamten Fläche extensiv bewirtschaftet bzw. gepflegt, um die Landschaft für diesen Zweck offen zu halten. Lediglich die wasserwirtschaftliche Funktion des Sommerkoog-Steertloches mit einer leichten Verwallung als Retentionsraum für Hochwasserlagen im Binnenland mag abweichend von diesen ansonsten ausschließlich für die Anforderungen des Militärs gestalteten Teil des Speicherkooges angesehen werden. Hier können seit einigen Jahren die seltenen Löffler beobachtet werden.

Löffler im Südkoog.

Das Dauergrünland des ehemaligen Barlter Sommerkooges ist getrennt nach Rinder- und Schafweiden verpachtet und wird mit niedriger Viehdichte beweidet. Auf diesen und anderen Extensivweiden des Bundeswehrkooges, insgesamt 650 ha, besteht ein absolutes Düngeverbot mit mineralischem Dünger und ein Verbot der Ausbringung von Pflanzenschutzmitteln. Die Schafweiden werden immer nur zur Hälfte verpachtet, d.h. der Pächter nutzt jeweils nur eine Hälfte seiner Fläche. Die Beweidung in sensiblen Bereichen wie Feuchtgebieten und Uferbereichen hat so zu erfolgen, dass Schäden im Biotop vermieden werden. Da es sich auch bei diesem Teil des Speicherkooges um ein NATURA 2000-Gebiet handelt, wird in allen Pachtverträgen darauf hingewiesen, dass den nationalen bzw. internatio-

Nonnengänse im Aufwind! Ihr Bestand hat deutlich zugenommen.

Hochwasser im Südkoog.

nalen Regelungen Rechnung getragen werden muss und die hierzu erlassenen Bestimmungen zu beachten sind.

Die ungenutzten militärischen Sperrflächen, insgesamt 993 ha, werden in einem Rotationsverfahren nach 2–4 Jahren gemulcht, wobei die Vegetation in 5–15 cm Höhe abgeschnitten wird und das zerkleinerte Mahdgut auf der Fläche verbleibt. Sie haben sich zu einem eindrucksvollen Refugium für Orchideen entwickelt. Eine späte Mahd mit Heubergung auf 40 ha des Grünlandes hat sich positiv auf das Rastverhalten von Gänsen ausgewirkt. Das frische junge Grün ist für Tausende von Nonnen- und Graugänsen ein traditioneller Nahrungsplatz geworden, auf dem die Fettreserven für den Weiterflug in die arktischen Brutgebiete oder in die Winterquartiere gesammelt werden.

Klima im Wandel – Artenschwund im Speicherkoog?

Die Fachwelt ist sich einig: Der Klimawandel wird kommen – oder richtiger – wir befinden uns bereits mittendrin. Je nach Szenario ist dabei von einem globalen

Temperaturanstieg von etwa 1,8 °C bis 4,0 °C und einem Meeresspiegelanstieg von 0,18 m bis 0,59 m im Zeitraum bis 2100 auszugehen, wobei die Auswirkungen des schmelzenden Grönlandeises noch nicht berücksichtigt sind.[27, 32]

Auf der Grundlage regionaler Klimamodelle rechnet man in Schleswig-Holstein für die Sommermonate mit Temperaturzunahmen von 1,8–2,7 °C, für den Winter um einen Anstieg von 2,5–3,5 °C. Es werden also die Anzahl der Sommertage zu-, die der Eis- und Frosttage abnehmen. Für Teile der Dithmarscher Marsch wird demnach eine Abnahme der Niederschlagsmenge im Sommer von über 30 % erwartet, jedoch verbunden mit vermehrten Starkregenfällen. Über das ganze Jahr verteilt, nimmt die Niederschlagsmenge aber um 4–7 % zu.

Ein Eindruck, wie sich diese Starkregenfälle mit bis zu 200 Liter innerhalb von drei Tagen auf Natur und Landschaft auswirken können, war Anfang Oktober 2008 zu spüren, als die Ausläufer eines kleinen Randtiefs 20 % der gesamten Jahresniederschlagsmenge über dem Kreisgebiet abluden. Trotz weit geöffneter Schleusen und Siele standen Niederungen und Teile der Marsch tagelang unter Wasser.

Kein eindeutiger Trend ist bei der Intensität von Stürmen für unseren Küstenabschnitt auszumachen, der

Überschwemmungsgebiet Brustwehrstrom vor dem Südkoog im Oktober 2008.

von historisch belegten Schwankungen abweichen würde. Es wird aber damit zu rechnen sein, dass sich die Belastung der Deiche durch länger anhaltenden Windstau bei Sturmfluten erhöhen wird.
Zusammengefasst ist also davon auszugehen, dass wir bis zum Jahr 2100 mit einer Veränderung vom gemäßigten Küstenklima hier hin zu einem mehr südeuropäischen Klima mit abnehmenden Niederschlägen während des Sommers und einer Zunahme in den übrigen Jahreszeiten bei steigendem Meeresspiegel zu rechnen haben.[18,36]

Welche Folgen könnte diese Entwicklung für die Natur im Speicherkoog, aber auch für das vorgelagerte Wattenmeer und die Niederungen im Hinterland, die nicht nur aus ökologischer Sicht mit dem Koog verbunden sind, haben?
Küstenschutz-Experten rechnen damit, dass im schlimmsten Falle bei einem Meeresspiegelanstieg von 50 cm bis 2050 die Wattflächen in Deutschland, Holland und Dänemark um bis zu 15 % abnehmen könnten. Manche Tidebecken wie beispielsweise die Dithmarscher Bucht würden dabei den Charakter von Küstenlagunen erhalten, d.h. das Watt vor dem Speicherkoog wäre dauerhaft überflutet und stände dann vielen Watvögeln, wie Strandläufern und anderen Limikolen, die bisher aus den Rastplätzen hinter dem Deich ins trockengefallene Watt zur Nahrungsaufnahme pendeln, nicht mehr zur Verfügung. Gefährdet wären bei steigendem Meeresspiegel auch die Salzwiesen im Vor-

land, die zum Binnenland durch den Deich begrenzt sind und zur offenen Nordsee wegen der höheren Wasserstände ebenfalls überflutet würden. Damit ginge nicht nur einer der vielfältigsten Lebensräume Mitteleuropas überhaupt mit speziell angepassten Pflanzen und Insekten verloren, es fehlte dann auch ein weiterer Brut- und Rastbiotop für viele Vogelarten der Küste. Die Bruten der in den Salzwiesen nistenden Wasser- und Küstenvögel wären zusätzlich zu den immer wieder auftretenden Sommer-Sturmfluten auch durch die Zunahme von Starkregenfällen im Sommer gefährdet. Die Niedermoorgebiete östlich des Speicherkooges in der Windberger- und in der Mieleniederung sind über die zur Nordsee abfließenden Gewässer mit dem Speicherkoog vernetzt. Zwischen ihnen, dem Wattenmeer und dem Speicherkoog besteht nicht nur über das Fließgewässer- und Grabensystem von Miele und Süderau eine ökologische und wasserwirtschaftliche Verbundstruktur. Die Fließgewässer, Gräben, Torfstiche, Wiesen und Weiden sind Teil des Lebensraumes u.a. von wandernden Fischarten und Vögeln. Diese Wanderbewegungen sind beispielsweise für den Großen Brachvogel, Austernfischer und Uferschnepfe nachgewiesen, die morgens von den Hochwasserrastplätzen am Watt und im Speicherkoog zu Tausenden zur Nahrungssuche ins Binnenland abfliegen, wo sie das kurzrasige feuchte Grünland bis in die Geest hinein mit den langen Schnäbeln im Boden stochernd nach Insekten und Würmern absuchen. Am Abend kehren die Trupps, oft begleitet von lautem Rufen, dann zu den Schlafplätzen an der Küste zurück.[11, 12]

Von den Brandgänsen, deren Brutplätze in Dithmarschen bis zu 20 km von der Küste entfernt auf der Geest liegen können, wird berichtet, dass Altvögel mit ganz jungen Küken schwimmend in Gräben oder über das Grünland der Niederungen wandernd den Speicherkoog oder das Wattenmeer erreichen, wo für sie der Tisch noch reich gedeckt ist. Ihr Brutgeschäft hingegen wird häufig in der Knicklandschaft der Geest abgewickelt: Brandgänse brüten gern in Erdhöhlen, die z.B. von Kaninchen in Knickwällen gegraben wurden.[8]

Durch zu erwartende Trockenperioden während der Sommermonate wird in Zukunft damit gerechnet, dass die obersten Torfschichten in den Niedermoorgebieten

Sturmflut am Seedeich.

Große Brachvögel auf Nahrungssuche im Binnenland.

Wespenspinne – Neubürger im Speicherkoog.

Silberreiher bei Hochwasser im Mielegebiet.

stärker austrocknen, mineralisieren und dabei Nährstoffe und Kohlendioxid freisetzen. Für die wildlebende Tierwelt wie etwa die Wat- und Wiesenvögel sind jedoch feuchte, relativ hohe Wasserstände unter Flur von großer Bedeutung, ja lebenswichtig.[16]

Im Hinblick auf die Biodiversität in Schleswig-Holstein, geht man davon aus, dass sich die Zusammensetzung der Arten durch den Klimawandel in den verschiedenen Lebensräumen ändern wird. So werden Arten mit atlantischer Verbreitung ab-, die mediterranen Arten zunehmen. Erste Anzeichen dafür sind auch schon im Speicherkoog zu beobachten: Die Wespenspinne, eine wunderschön gelb-schwarz gestreifte Spinnenart aus der Familie der Echten Radspinnen tauchte vor einigen Jahren erstmals dort auf und baute ihre Kokons, aus denen nach der Eiablage die Jungen schlüpften.
Auch bei der ursprünglich in ganz Afrika verbreiteten Feuerlibelle, die inzwischen unsere Nordseeküste erreicht hat, wird ein Zusammenhang von milden Wintern und länger anhaltenden Warm- und Trockenperioden mit ihrem Auftreten hier gesehen und letztlich der globale Klimawandel als Ursache vermutet.
Was für die Insekten gilt, gilt auch für wärmeliebende Vogelarten. Nun schon seit Jahren werden die in Südeuropa beheimateten weißen Reiherarten Silberreiher und Seidenreiher häufiger im Speicherkoog beobachtet und auch der Löffler taucht in Trupps mit bis zu 60 Vögeln regelmäßig in jedem Jahr auf, nachdem er sich seit 2002 auf der Vogelinsel Trischen im Dithmarscher Wattenmeer als Brutvogel eingestellt hat.
Auch im jahreszeitlichen Rhythmus deuten sich bei Vogelarten Veränderungen an, die im Zusammenhang mit dem Klimawandel diskutiert werden. So brüten Kleiber und Meisen vielfach früher; Kiebitz, Star und Stieglitz werden in milden Wintern immer öfter auch im Speicherkoog angetroffen.
Durch die langfristig erwartete Verschiebung von Klimazonen mit ihren Lebensräumen stellt sich die Frage,

Starenschwarm am Schlafplatz im Speicherkoog.

welche Pflanzen- und Tierarten sich den Veränderungen anpassen können, zumal es sich für einige Vogelarten, wie beispielsweise Austernfischer, Alpenstrandläufer und Knutts abzeichnet, dass ihr Nahrungsangebot im Watt knapper wird.
Die Fachwelt rechnet damit, dass es bei diesem Prozess an der Küste „Gewinner und Verlierer" geben wird.[27]
Der Landschaftswandel im Wattenmeer und den angrenzenden Küstenregionen wie den Naturschutzkögen an der Westküste Schleswig-Holsteins hat dabei durchaus eine globale Dimension, wenn man an die zentrale Bedeutung dieses Gebietes als „Drehscheibe" des Vogelzugs im Ostatlantik denkt.

Stare überwintern zunehmend auch in Dithmarschen, ihr Brutbestand in Deutschland ist allerdings stark rückläufig.

Natur erleben – Hot Spots im Koog

Seit vielen Jahren gilt der Speicherkoog unter Vogelkundlern und Naturliebhabern als eine der „ersten Adressen" an der Nordseeküste – als ein Hot Spot – insbesondere für Ornithologen, wo man zu fast jeder Jahreszeit seltene See- und Küstenvögel, aber auch durchziehende Greif- und Singvögel oft in großen Scharen antreffen und wunderbar beobachten kann.[2, 26, 28]

Eine beachtliche Infrastruktur mit Beobachtungshütten (Hides) und -türmen, einem Besucher-Informations-System (BIS), Radwegen sowie einem zentralen Info-Zentrum, gefördert durch das Land Schleswig-Holstein und den Kreis Dithmarschen, trägt der Entwicklung Rechnung, dass zunehmend mehr Menschen in ihrer Freizeit die Natur intensiv erleben möchten.

Ausgangspunkt für Touren durch den Koog sollte das 1 NABU-Infozentrum und Nationalparkhaus Wattwurm (O.G.-Meier-Haus) mit seiner markanten, dem Körper eines Wattwurms nachempfundenen Architektur, am Neuen Meldorfer Hafen sein. Hier wird der Besucher nicht nur über den Naturschutz im Speicherkoog grundlegend informiert, sondern darüber hinaus auch auf die einzigartige Natur des Nationalparks im Bereich des Dithmarscher Wattenmeeres mit der Vogelinsel Trischen und dem Mausergebiet der Brandgänse im Umfeld der Elbmündung eingestimmt.

Verlässt man die interaktive Ausstellung im Wattwurm,

Das NABU-Infozentrum und Nationalparkhaus Wattwurm.

so lädt im Außengelände ein etwa 500 m langer Bohlen-Lehrpfad mit verschiedenen Stationen ein, die Abläufe der freien Sukzession in Teilbereichen des Kooges – Orchideenwiese, Röhricht, Gebüsch –, genauer kennen zu lernen.

Auf der Straßenseite gegenüber wurde am Rande des Naturschutzgebietes Kronenloch, dort wo das Salzwasser aus dem Hafen ins Gebiet strömt, eine behindertengerechte Beobachtungshütte (Hide) errichtet, von der aus vor allem Wasservögel in Ruhe betrachtet werden können.
2

Ein im Norden des Gebietes an der Straße nach Meldorf gelegener Beobachtungsturm mit kleiner Parkbucht ermöglicht dort einen schönen Überblick über das Salzwasserbiotop Kronenloch, wo im Flachwasser sich gern Große Brachvögel und andere Limikolen aufhalten. Von hier aus kann man im Sanddorn- und Ölweidengebüsch im Herbst und Winter in großer Zahl Stare, Rot- und Wacholderdrosseln bei der Beerenlese beobachten.
3

4 Das Mielespeicherbecken ist insbesondere bei Niedrigwasser ein beliebtes Rast- und Nahrungsgebiet aller See-, Wat-, Enten- und Gänsevögel. Dort haben auch die Seeadler, die seit dem Jahr 2004 im Speicherkoog als Brutvögel heimisch sind, eines ihrer bevorzugten Jagdreviere.[29,31] Der Unterlauf der Miele ist seit vielen Jahren ein wichtiges Laichgewässer der Meerforelle, die von der Nordsee kommend alljährlich hier ablaicht, genau wie die seltene Bachforelle.[7]

Fährt man vom Hafen aus am Deich entlang in Richtung Norden, liegt mit dem sogenannten Odinsloch ein kleines Flachgewässer zur Linken, das seine Entstehung einem ehemaligen Priellauf mit Flutmulde verdankt. Den Namen erhielt es von dem dort häufig auf dem Durchzug zu beobachtenden Odinshühnchen, einer zierlichen Limikole, die in der Tundra beheimatet, im Wasser schwimmend ihre Nahrung erbeutet. Auf
5

Beobachtungshütte am Kronenloch.

Rotdrossel im Sanddorn-Gebüsch – ein häufiger Wintergast im Koog.

Seeadler am Mielespeicher.

Brutinseln mit Seeschwalben im Odinsloch.

den von Naturschützern eingebrachten Brutinseln siedelten sich kleine Kolonien von Säbelschnäblern und Flussseeschwalben an, die aus kurzer Entfernung von der Straße aus in Ruhe zu betrachten sind.

6 Die ausgedehnten Schafweiden (Schafhutung) östlich und nördlich der Straße sind bevorzugte Rast- und Nahrungsflächen von Nonnengänsen, Kiebitzen und Goldregenpfeifern; manchmal entdeckt man hier auch den seltenen Mornellregenpfeifer.

7 An der Zufahrt zum Parkplatz Nordermeldorf liegen nördlich der Straße mehrere Kleingewässer, in denen

Flussuferläufer am Mielespeicher.

Odinshühnchen

sich zur Brutzeit eine kleine Lachmöwenkolonie etabliert hat.

Auf der Weiterfahrt nach Norden zum Naturschutzgebiet Wöhrdener Loch fallen die breit angelegten Seitenstreifen der Straßen und Wege im Speicherkoog auf. Während sich in den Grabenböschungen Orchideen, wie die Sumpfwurz oder das Übersehene und das Fleischfarbene Knabenkraut angesiedelt haben, findet
8 man an den Wegböschungen eine bunte Trockenrasengesellschaft mit farbenprächtigen Blütenpflanzen wie dem Breitblättrigen Thymian.

Vorbei an der vom Qualmwasser beeinflussten Vegetation mit den im Herbst sich leuchtend rot färbenden Quellerwiesen gelangt man auf dem sogenannten
9 Deichverteidigungsweg zur Beobachtungshütte am Wöhrdener Loch. Bei Hochwasserlage im Wattenmeer sind die Gewässer vor diesem Hide ein wichtiger Rastplatz für alle Küstenvögel und bevorzugtes Jagdgebiet von Seeadler und Wanderfalken. Hier werden auch immer wieder die Seltenheiten unter der Vogelwelt, für die der Speicherkoog unter Kennern europaweit berühmt wurde, vom Deich oder von der Hütte aus betrachtet: Graubruststrandläufer, Sumpfläufer, Gras-

Sumpfwurz an Grabenböschung.

Trockenrasen mit Thymian.

Bei Hochwasser im Wattenmeer rasten Vogelscharen im Wöhrdener Loch hinter dem Deich.

Seeadler rupft erbeutete Großmöwe.

läufer, Teichwasserläufer etwa gehören zu den Schnepfenvögeln, welche die Aufmerksamkeit der Ornithologen hervorrufen. Informationstafeln vor und in der Hütte geben Auskunft über das Beweidungsprojekt mit den Koniks und das Schutzgebiet allgemein.

10 Ein Abstecher am Golfplatz vorbei zu den alten Dauergrünlandflächen im ehemaligen Wöhrdener Sommerkoog lohnt, wenn im April bis Mai dort die Kampfläuferbalz stattfindet und auch andere Vogelarten der Feuchtwiesen hier anzutreffen sind.

11 Bei der Weiterfahrt durch die Ackerflächen im Osten des Kooges, auf denen Kohl, Möhren, Kartoffeln, Rü-

ben, Raps und Getreide angebaut werden, können im Herbst und Winter auf den abgeernteten Feldern bis zu 350 nordische Singschwäne, Grau- und Blässgänse bei der Nahrungsaufnahme beobachtet werden.
In mäusereichen Jahren sind Wegränder und Grabenböschungen hier traditionelle Schlafplätze von Wintergesellschaften der Sumpfohreule.

12 Auf der Fahrt zurück zum Hafen können von der Brücke über den Wöhrdener Verbindungskanal nicht nur Wasservögel, sondern während der Brutzeit in Frühjahr und Sommer auch Uferschwalben angetroffen werden, die dort ihre Brutröhren in den steilen Abbruchkanten des Gewässers angelegt haben.

13 Wieder am Info-Zentrum Wattwurm vorbei erreicht man die gebüschumstandenen grünen Parkflächen zur Badestelle der Gemeinde Elpersbüttel. Auch hier, wie an anderen Orten des Kooges, wo die Vegetation durch Mahd kurz gehalten wird, haben sich vier Orchideenarten zerstreut über die Fläche angesiedelt.

Singschwäne als Wintergäste haben sich seit 1980 im Bestand verfünffacht. Bis zu 650 überwintern im Koog.

Der Brutbestand der Sumpfohreule hat stark abgenommen.

Singschwäne auf dem Weiterflug in die Brutheimat nach Schweden und Finnland, wie Beringungsergebnisse zeigen.

Beweidetes und nicht beweidetes Vorland bei Helmsand.

Vorland Helmsand, im Hintergrund die Erdölplattform „Mittelplate" im Wattenmeer.

Rohrdommel am Elpersbüttler Deich – perfekt getarnt.

Am besten vom Deich aus lohnt dann, etwa in der **14** Hälfte der Strecke auf dem Deichverteidigungsweg nach Süden zur ehemaligen Hallig Helmsand, der Ausblick über das hohe Gebüsch in das Wildnisgebiet Kronenloch mit seinem Hochwasserrastgebiet für Küstenvögel. Hier können Brandgänse, Knutts, Dunkler Wasserläufer und Alpenstrandläufer gut beobachtet werden.[26]

15 Am Deichübergang zum Speicherkoog-Süd sollte ein Aufenthalt mit Blick auf die Vorlandflächen zur ehemaligen Hallig Helmsand eingeplant sein. Sehr eindrucksvoll lassen sich hier die Auswirkung der intensiven

Schafbeweidung auf die Vegetation der Salzwiese einerseits und andererseits die „Nullnutzung" im Nationalpark vergleichen.
Ebenfalls von diesem Punkt aus hat man vielleicht den besten Überblick über beide Teile des Speicherkooges: Den „Naturschutzkoog" im Norden und den „Bundeswehrkoog" im Süden, beide getrennt durch den Damm mit der Straße nach Helmsand.

Vorbei an einer weiteren Orchideenfläche auf der Fahrt am Helmsander Damm nach Osten gelangt man abschließend über die Wirtschaftswege zur ehemaligen
16 Kleientnahmestelle am Elpersbüttler Deich, wo an zwei Kleingewässern ein größeres Schilfröhricht die Ackerflächen unterbricht. Dort können mit etwas Glück Rohrdommel, Bartmeise und Wasserralle, scheue Bewohner dieses Biotops, angetroffen werden.

Die scheue Wasserralle lebt als Röhrichtbewohner in Altschilfbeständen.

Der Speicherkoog am 6.10.2008. Im Vordergrund das Vorland bei Helmsand, in der Bildmitte das Kronenloch und der Hafen.

Literatur und Quellen

1 Abraham, R. (2001): Der „Neuen Wildnis" eine Zukunft. – Betrifft Natur 2/01: 8–10

2 Brandt, T. u.a. (2008): Der Dithmarscher Speicherkoog in Schleswig-Holstein. – Der Falke 55: 5–7

3 Brumloop, J. (2008): einzigartig – Naturführer durch Schleswig-Holstein. – Wachholtz Verlag, Neumünster

4 Bruns, H.A., S. Stromberg u. Wolff, S. (2007): Naturführer Eidermündung. – Husum Druck- und Verlagsgesellschaft, Husum

5 Bundesministerium für Umwelt, Naturschutz und Reaktorsicherheit (2005): Die Wiederkehr der Wildnis. – Naturlandschaften in Deutschland: 3–11

6 Bunzel-Drüke, M. u.a. (2008): Wilde Weiden. Praxisleitfaden für Ganzjahresbeweidung in Naturschutz und Landschaftsentwicklung. – Arbeitsgemeinschaft Biologischer Umweltschutz im Kreis Soest e.V., Bad Sassendorf-Lohne

7 Dithmarscher Landeszeitung v. 19.12.08

8 Gemeinsames Wattenmeersekretariat (2008): Anmeldung des deutsch-niederländischen Wattenmeeres als Weltnaturerbestätte . – Wadden Sea Ecosystem No. 24, Wilhelmshaven

9 Gloe, P. (1985): Disteln im Helmsanderkoog (Speicherkoog). – Dithmarschen 3: 80–82

10 ders. (1988): Zum Brutvorkommen der Brandente (T. tadorna) im Speicherkoog Dithmarschen und in dessen Hinterland im Sommer 1987. – Corax 13: 67–81

11 ders. (1989): Die Bedeutung unterschiedlicher Gewässer in eingedeichten Gebieten für die Nahrungsversorgung einiger Wasservogelarten – Am Beispiel des Speicherkooges Dithmarschen (Meldorfer Bucht). – Corax 13: 148–167

12 ders. (1992): Zur Entwicklung der Brutvogelbestände im Speicherkoog Dithmarschen (Westküste von Schleswig-Holstein) von 1984 bis 1991. – Corax 15: 69–81

13 ders. (1998 a): Zum Schlafplatzflug des Großen Brachvogels (Numenius arquata) in Dithmarschen (Schleswig-Holstein). – Corax 17: 105–121

14 ders. (1998 b): Zum Schlafplatzflug des Großen Brachvogels (Numenius arquata) vor und während der Heimzugzeit. – Corax 17: 233–236

15 Hüchtker, I. (1998): Wildnis wagen! – BUND magazin 1/98: 14–18

16 Jezierski, T. u. Jawarski, Z. (2008): Das Polnische Konik. – Die Neue Brehm-Bücherei, Bd. 658, Westarp Wissenschaften – Verlagsgesellschaft, Hohenwarsleben

17 Kuschert, H. (1983): Wiesenvögel in Schleswig-Holstein. – Husum Druck- und Verlagsgesellschaft, Husum

18 Landesamt für Natur und Umwelt des Landes Schleswig-Holstein (2007): Klimawandel in Schleswig-Holstein. Folgen und Handlungsoptionen für den Naturschutz. – Vervielfältigtes Manuskript

19 Meier, D. (2006): Die Nordseeküste. Geschichte einer Landschaft. – Boyens Buchverlag, Heide

20 ders. (2008): Schleswig-Holsteins Küsten im Wandel. – Boyens Buchverlag, Heide

21 Meier, O.G. (1987): Der Speicherkoog Dithmarschen. – Verlag Boyens u. Co., Heide

22 Mertens, M. (2000). Wildnis ist Wandel. – BUND magazin 3/2000: 20–23

23 Michelsen, H. (2008): Chronik des Deich- und Hauptsielverbandes Dithmarschen, Band II. – Hemmingstedt

24 Ministerium für Ernährung, Landwirtschaft und Forsten (1985): Landesverordnung über das Naturschutzgebiet „Kronenloch/Speicherkoog Dithmarschen" vom 23. Dezember 1985

25 Ministerium für Natur, Umwelt und Landesentwicklung und Ministerium für Ernährung, Landwirtschaft, Forsten und Fischerei (1990): Landesverordnung über das Naturschutzgebiet Wöhrdener Loch/Speicherkoog Dithmarschen" vom 27. November 1990

26 Ministerium für ländliche Räume, Landesplanung, Landwirtschaft und Tourismus des Landes Schleswig-Holstein (2001): Generalplan Küstenschutz. Integriertes Küstenschutzmanagement in Schleswig-Holstein. – Kiel

27 Ministerium für Landwirtschaft, Umwelt und ländliche Räume (2007): Bekanntmachung der konkretisierten gebietsspezifischen Erhaltungsziele – Teilgebiet „Nationalpark Schleswig-Holsteinisches Wattenmeer" des FFH Vorschlagsgebietes DE 0916-391 NTP S-H Wattenmeer und angrenzende Küstengebiete... vom 10. Juli 2007, Kiel

28 Moning, C. u. Weiss, F. (2007): Vögel beobachten in Norddeutschland. – Franckh-Kosmos Verlags GmbH u. Co KG, Stuttgart

29 NABU-Bundesverband (2008): Arten im Klimawandel. – Berlin

30 NABU-Landesverband Schleswig-Holstein (1993): Natur erleben. Informationen über die vom Naturschutzbund Deutschland betreuten Naturschutzgebiete an der Westküste von Schleswig-Holstein. – Natur Verlag Vertriebs- und Verlagsgesellschaft Schleswig-Holstein, Neumünster

31 Nissen, N.R. u. Pump, G. (1991): Dithmarschen. Leben mit Wasser und Wind. – Westholsteinische Verlagsanstalt Boyens & Co., Heide

32 Projektgruppe Seeadlerschutz (2007): Seeadlerschutz in Schleswig-Holstein. – Faltblatt, Kiel

33 Schwahn, J. (1992): Vegetationsentwicklung im Naturschutzgebiet „Wöhrdener Loch/Speicherkoog Dithmarschen". – Gutachten im Auftrag des Kreises Dithmarschen, Kiel

34 Struwe-Juhl, B. u. Latendorf, V. (2008): Seeadler. – Jagd und Artenschutz, Jahresbericht 2008: 59– 60, Kiel

35 Trilaterale Expertengruppe für nachhaltigen Küstenschutz im Wattenmeer (2003): Küstenschutz und Meeresspiegelanstieg. – Faltblatt des Wattenmeer-Sekretariats, Wilhelmshaven

36 Trippel, K. u.a. (2008): Umbruch im Märchenwald. – GEO 09/2008: 52–74

37 Wieland, P. (1984): Untersuchung über geomorphologische Veränderungen in der Dithmarscher Bucht. – Die Küste: 107–138

38 ders. (1990): Küstenfibel. – Verlag Boyens u. Co., Heide

39 Woth, K. u. von Storch, H. (2008): Klima im Wandel: Mögliche Szenarien des norddeutschen Küstenklimas. – Dithmarschen, Heft 1: 20–31

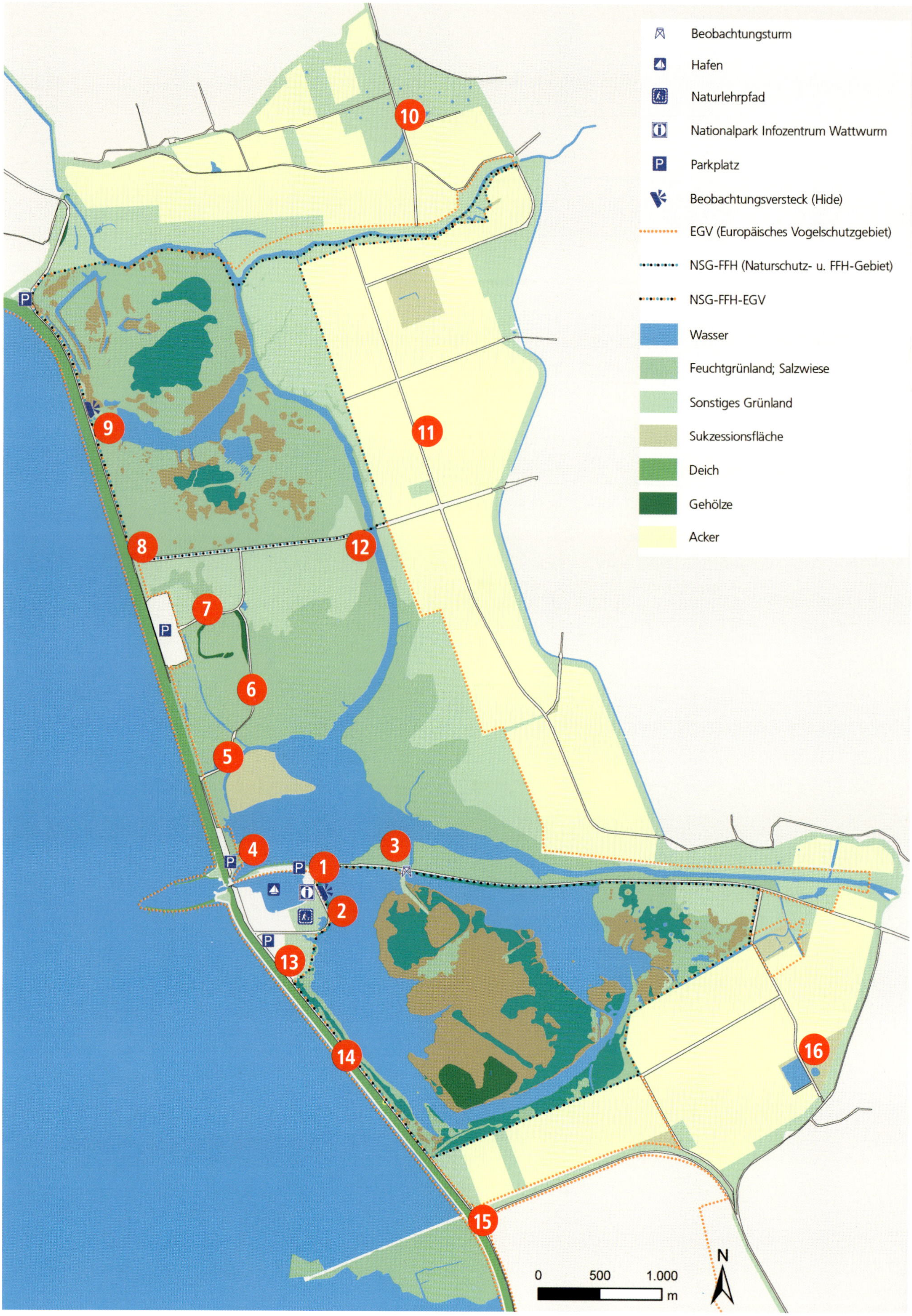
Beobachtungsturm
Hafen
Naturlehrpfad
Nationalpark Infozentrum Wattwurm
Parkplatz
Beobachtungsversteck (Hide)
EGV (Europäisches Vogelschutzgebiet)
NSG-FFH (Naturschutz- u. FFH-Gebiet)
NSG-FFH-EGV
Wasser
Feuchtgrünland; Salzwiese
Sonstiges Grünland
Sukzessionsfläche
Deich
Gehölze
Acker
0 500 1.000 m
N